HEILEN MIT QUANTENENERGIE

Eine Anleitung

Ryu Takahashi

Coverfoto: © Daniel Fleck - Fotolia.com

ISBN: 9-783-8391-0256-5
<u>Herstellung und Verlag:</u>
Books on Demand GmbH, Norderstedt

VOWORT

Jeder Mensch spürt Quantenenergie
- jeden Tag.

Dieses Buch ist für Menschen geschrieben, die wissen, dass es noch etwas anderes gibt, als die Schulpsychologie und die Schulphysik. Die wissen, dass es Dinge gibt, die man nicht unbedingt erklären kann, die aber dennoch funktionieren.

Dieses Buch ist auch für Menschen geschrieben, die sich lieber durch Erfahrungen von der Wahrheit überzeugen lassen, anstatt sich in endlosen Theorien und wissenschaftlichen Thesen zu verlieren.

Dieses Buch ist aber auch für alle Zweifler geschrieben, die ich dazu einladen möchte, den Zweifel doch einfach mal an der Garderobe abzugeben, und sich spielerisch der Erfahrung hinzugeben. Denn vielleicht ist an dieser „Energiegeschichte" ja doch etwas dran? Vielleicht ist es tatsächlich möglich, Energie zu nutzen, um Heilung in Gang zu bringen.

Ich sage „JA – ES IST MÖGLICH". Und das sage ich, der sich sein Leben lang mit Esoterik und Spiritualität nie auseinandergesetzt, diese sogar verteufelt hat. Der immer streng nach wissenschaftlichen Erkenntnissen gelebt und ausschließlich daran geglaubt hat. Und auch jetzt bin ich noch kein überzeugter Esoteriker. Das ich heute aber mit einer solchen Überzeugung sage „JA – ES IST MÖGLICH", verdanke ich keiner Theorie, keinen Erzählungen – ich verdanke es meiner eigenen spielerischen Erfahrung.

Und genau diese Erfahrung zu machen – dazu möchte ich sie einladen. Jetzt gleich.

ENERGIE IST KEIN GEHEIMNIS

Die allumfassende Energie ist wahrlich kein großes Geheimins. Es gibt viele Menschen, die mit Quantenenergie arbeiten. Einige nennen es Reiki, Ki oder Chi, aber alle meinen das Gleiche. Es gibt sogar mehr Menschen auf dieser Welt, die an die Wirksamkeit der Quantenenergie glauben und diese nutzen, als dass es Zweifler gibt, die deren Existenz leugnen. Allein im asiatischen Raum leben erheblich mehr Menschen, die mit Quantenenergie arbeiten, als hierzulande.

Leider dringt das neue Denken, das erweiterte Bewusstsein, nur langsam in unsere Zivilisation vor. Warum ist das so? Zum einen haben wir eine sehr starke Pharmalobby, die sicherlich nicht an effektiven Selbsthilfemethoden interessiert sind, zum anderen gibt es Menschen, die schlicht und einfach nicht dazu lernen wollen. Menschen, deren Horizont bei wissenschaftlichen Erklärungen anfängt, und mit deren Hilflosigkeit endet. Frei nach dem Motto: Was die Wisschenschaft nicht erklären kann, das gibt es nicht. Punkt.

Sie, liebe Leser, gehören zum Glück nicht zu diesem Kreis, denn sonst würden sie dieses Buch nicht in den Händen halten. Sie sind offen für neue Erfahrungen, offen, neue Wege des Bewusstseins zu beschreiten. Das macht mich auserordentlich glücklich.

Es gibt Dinge, die funktionieren einfach, auch wenn man diese nicht erklären kann. Lassen sie sich einfach spielerisch darauf ein, mit Quantenenergie zu arbeiten. Spielerisch, das bedeutet, nehmen sie die Sache nicht zu ernst. Probieren sie die Übungen einfach aus, ohne sich dabei selbst unter Leistungsdruck zu setzen. Nichts ist hinderlicher, als Verbissenheit und Druck. Sie haben doch nichts zu verlieren, o-der? Lassen sie sich überraschen, wie einfach es ist...

Viele Menschen arbeiten bereits mit Energie

Nehmen sie die Sache nicht zu ernst

Probieren, ohne Leistungsdruck!

BEWUSSTSEIN UND VERSTAND

Wenn wir vom Bewusstsein sprechen, dann meinen wir für gewöhnlich unseren Verstand. Das ist aber grundsätzlich falsch. Der Verstand ist die Instanz in uns, die das wahre Bewusstsein nämlich oft blockiert! Da diese Tatsache jetzt vielleicht etwas verwirrend klingt, liebe Leser, möchte ich versuchen, es so gut wie möglich zu erklären.

Das Bewusstsein ist ein Zustand des absoluten gewahrwerdens des Augenblicks. Ohne Gedanken, ohne Zeitgefühl – einfach nur SEIN. Die volle Konzentration auf einen Punkt, auf eine Sache – und nur auf diese Sache – das ist Bewusstsein. Bewusstsein existiert nicht in der Vergangenheit, existiert nicht in der Zukunft. Bewusstsein existiert nur im Hier und Jetzt. Wie oft schwelgen wir in der Vergangenheit, hängen an vergangenen Situationen fest, die wir eh nicht mehr beeinflussen können? Wie oft sorgen wir uns um die Zukunft – das hat nichts mit Bewusstsein zu tun. Das sind unsere Gedanken, unser Verstand, der uns antreibt, uns mit diesen Dingen zu beschäftigen. Auf der einen Seite ist unser Verstand ein Segen, denn er bewahrt und davor, dass wir immer die gleichen Fehler begehen. Er lässt uns unsere Zukunft planen, warnt uns vor Gefahren. Auf der anderen Seite ist er ein Fluch, wenn man nicht darum weiß, ihn zu beherrschen, und Bewusstsein zuzulassen. Denn dann blockiert er das, was zur Nutzung der Quantenenergie so fundamental wichtig ist – der Augenblick des Bewusstseins.

Aber diese Kontrolle kann man lernen, es ist sogar einfacher, als sie denken. Geben sie sich einfach spielerisch den Übungen dieses Buches hin, lassen sie sich einfach darauf ein, sie werden sich möglicherweise wundern.

Versuchen sie doch einmal die folgende Übung, die wirklich keines Aufwandes bedarf.

- Suchen sie sich einen Platz, an dem sie für einige Minuten ungestört sind.

- Setzen sie sich hin, schließen sie die Augen und beobachten sie einfach nur still ihre Gedanken. Ohne aktiv zu werden, ohne einzuschreiten – einfach nur die Gedanken kommen und gehen lassen.

- Wenn sie das eine Zeit lang getan haben, stellen sie sich die Frage: „Warum denke ich jetzt gerade?" Gewöhnlicherweise entsteht nun eine Pause, eine Zeit der absoluten Ruhe in ihrem Kopf.

Und genau diese Pause, diese Ruhe –
das ist absolutes Bewusstsein.

Anfänglich ist die Pause vielleicht nur kurz,
aber wenn sie diese Übung ab und an wiederho-
len, wird sich die Pause ausdehnen. Sie können
die Frage variieren, z.B. in dem sie fragen: „Wo
sitzt mein Bewusstsein?" oder „Wie groß ist
mein Bewusstsein?". Genießen sie einfach die
absolute Ruhe in ihrem Kopf, während ihr
Verstand damit abgelenkt ist, eine Antwort auf
ihre Frage zu finden (die er wohl nicht so leicht
finden wird).

Sie haben soeben die erste wichtige Erfahrung
gemacht, um erfolgreich die Quantenenergie
benutzen zu können. So einfach ist das, auch
wenn es unglaublich scheint. Warten sie es ab.

Verstand blockiert Bewusstsein

Bewusstsein existiert nur im Hier und Jetzt

Bewusstsein ist Gedankenleere - absolute Ruhe

HEILSYSTEME AUF DEM MARKT

Jeder, der sich mit Heilung beschäftigt, und vielleicht eine „Gabe" an sich entdeckt hat, die er für außergewöhnlich hält, wird früher oder später auf diverse Heilsysteme treffen. So unterschiedlich diese Systeme auch benannt werden, so unterschiedlich die Anwendungen auch sein mögen, sie alle haben Eines gemeinsam: Jedes System beansprucht für sich, das einzig wahre, beste, energiereichste oder sogar göttlichste zu sein. Es ist zur Anwendung ellenlange Regeln zu beachten, Symbole zu benutzen, ja manchmal sogar Engel und Geister zu beschwören, damit einem die universelle Energie zur Verfügung steht. Es wird gewarnt vor negativen Energien, die von Wesen aus anderen Dimensionen missbraucht werden, um dem Anwender zu schaden. Oft ist es so, dass man sogar horrende Summen zahlen soll, um sich in Reiki oder Ähnliches einweihen zu lassen, damit man die „Gabe" der Heilung auch empfängt. Dort gibt es dann mehrere Stufen einer Einweihung, denn man ist ja nicht sofort reif für das Höhere. Ja es gibt sogar Ferneinweihungen, die man bei Auktionshäusern ersteigern kann.

Wie sie sehen, hat sich hieraus ein riesiger Markt entwickelt, der jährlich Millionensummen umsetzt. Dabei ist das für mich alles Schwachsinn, denn es braucht weder eine Einweihung, noch eine Erlaubnis irgendwelcher Engelwesen (wer dran glaubt, möge das tun), damit ein Mensch Heilungsvorgänge bei einem anderen Menschen in Gang bringen kann. Es braucht keine Symbole, um angeblich verschiedene Energien zu aktivieren, damit ein Mensch seine Schwingungen synchronisiert. Es braucht nichts von alledem, denn die „Gabe" der Heilung, die Gabe, andere Menschen zu synchronisieren, hat jeder Mensch. Jeder kann es, und es ist ganz einfach. Man muss es nur zulassen, es nicht zu stark theoretisieren. Versuchen sie die Übungen in diesem Buch, lassen sie sich auf die Gefühle ein, die sie dabei haben werden. Das ist alles, was sie tun müssen. Ganz ohne Einweihung, ohne Engel und wundersamen Geldschwund.

Jeder hat Zugang zur Energie

Es sind keine Einweihungen notwendig

Negative Energie gibt es nicht -
Energie ist immer neutral

DIE WIRKUNG DER GEDANKEN

Um auch den Leserinnen und Lesern gerecht zu werden, die sich etwas mehr theoretischen Hintergrund wünschen, möchte ich ihnen diesen nicht vorenthalten. Im Groben möchte ich einige Dinge zur Quantenphysik erklären, jedoch wirklich nur im Groben. Interessieren sie sich dafür, tiefer in die Quantenphysik einzusteigen, finden sie auf dem Buchmarkt etliche gute Literatur von Autoren, die sich auf diesem Gebiet besser auskennen, als ich.

Im Grunde ist die Kenntnis dieser Theorien nicht von Bedeutung für die Nutzung der Quantenenergie. Sie hilft Menschen aber ungemein, die für die Dinge, die sie tun, eine Erklärung brauchen.

Die Frage, wie die Welt funktioniert, hat sich sicher so mancher Mensch schon einmal gestellt. Sie lässt sich aber bisher nicht wirklich beantworten, jedenfalls nicht mit 100%iger Sicherheit.

Schauen wir uns einmal an, wie unsere Wahrnehmung gesteuert wird. Ein großer Faktor, der bei unserer Wahrnehmung eine Rolle spielt, ist unsere Erwartung. Ja, unsere Erwartung trägt einen großen Teil dazu bei, wie wir die Dinge um uns herum für Wahr nehmen. Das Wort Wahrnehmung beschreibt dabei einen aktiven Prozess – man nimmt etwas für Wahr.

Beispiel: Früher war der „gelehrte Mensch" der festen Überzeugung, die Erde wäre eine Scheibe, und man würde an der einen Seite herunterfallen, wenn man das Ende erreicht. Sie nahmen die Erde als Scheibe für wahr an. Erst die Erfahrung, lehrte sie, dass die Erde rund ist, und man einmal um die ganze Welt reisen konnte, ohne an einem Ende herunter zu fallen. Diese Erfahrung prägte eine neue Wahrheit. Die Erde ist rund. Genau wie in diesem Beispiel verhält es sich mit der Heilung durch Quantenenergie. Glauben wir, dass Quantenenergie nicht vorhanden ist, werden wir sie auch nicht nutzen können. Erfahren wir aber, dass diese Energie jedem jederzeit zur Verfügung steht, und lassen wir uns einfach auf diese neue Wahrnehmung ein, wird es uns leicht fallen, damit entsprechende „Wunder" zu vollbringen. Wunder, die eigentlich keine sind, denn jeder Mensch kann es. Quantenenergie steht, und stand schon immer, jedem Menschen zur Verfügung.

Leider empfinden wir uns, als Folge fehlerhafter Wahrnehmung, oft als völlig hilflos gegenüber äußeren Umständen. Wir machen alle möglichen, äußeren Dinge für unser Schicksal und unser Tun verantwortlich. Wir sehen uns als völlig getrennt von äußeren Einflüssen, von anderen Menschen, getrennt vom Rest der Welt.

Es gibt jedoch noch andere Möglichkeiten, die Welt und uns selbst zu sehen. Das zeigen neue Erkenntnisse der Quantenphysik. Das Weltbild, das sich durch diese neuen Erkenntnisse ergibt, ermöglicht es, alte und wenig nützliche Glaubensmuster zu verwerfen und durch ein neues, positives, energiereiches Bewusstsein zu ersetzen. Die Erkenntnisse und das Weltbild, das dadurch geschaffen wird, prägen sich jedoch, wenn überhaupt, nur sehr langsam in die Köpfe der Menschheit ein, weil Altes und Gewohntes nur sehr schwer loszulassen ist. Der Mensch liebt die Gewohnheit - sie stellt ja auch eine Art Sicherheit dar - und wehrt sich für gewöhnlich gegen neue Erkenntnisse, die seine Realität und sein Weltbild verwerfen würden.

Ich möchte sie, liebe Leser, animieren, einmal über ihre eigene Wahrnehmung nachzudenken. Vielleicht hilft es ihnen, Dinge zu erfahren, die vorher für sie nicht denkbar gewesen wären. Vielleicht machen sie ja durch dieses Buch Erfahrungen, die sie dazu bewegen, ihre Sicht der Welt grundlegend zu ändern? Eines steht jedenfalls fest: Wenn sie es nicht versuchen, werden sie nicht erfahren, was wahr ist.

Für alle, die sich eine Erklärung für die Existenz der Quantenenergie wünschen, möchte ich nun auf dieses Thema ein wenig näher eingehen.

Erst einmal liefert uns die Quantenphysik nur Theorien, die es zu belegen gilt. Diese Beweisführung geht nur über Versuch und Irrtum, über die Erfahrung. Was nützen einem die besten Messinstrumente, wenn sich im Nachhinein herausstellt, dass alles Gemessene nur Schall und Rauch ist?

Wenn sie die Wirkung des Denkens auf die Außenwelt erproben möchten, sollten sie sich zunächst fragen, worin die Natur der Außenwelt, der realen Dinge, eigentlich besteht. Es stellt sich die Frage: Was ist Materie eigentlich genau?

„Materie ist fest und besteht aus Atomen", würden die meisten Menschen antworten. Doch das ist nur die halbe Erklärung. Gehen wir hier mal etwas in die Tiefe. Atome haben einen Atomkern, der wiederum von Elektronen umkreist wird. Der Atomkern besteht aus Neutronen und Protonen, welche wiederum aus Quarks bestehen. Man nimmt an, dass Quarks wiederum aus Pre-Quarks gebildet werden. So würde man sich trotzdem bestätigt fühlen, dass Materie etwas Festes ist.

Aber was befindet sich z.B. zwischen Atom und Atomkern? Dazwischen befindet sich ein leerer, der aber den überwiegenden Teil des Ganzen ausmacht. Materie ist demnach überwiegend leerer Raum. Je tiefer man in die Materie eindringt, desto mehr Vakuum findet man vor. Aber warum nehmen wir nun eigentlich feste Objekte wahr? Hier kommt die Quantenenergie ins Spiel. Denn die Leere interagiert mit der Materie, als ein riesiges Feld von Energie. So lässt sie die Dinge erscheinen, wie wir sie sehen.

Schenken wir diesen Ausführungen Glauben, dann ist die Leere eine reale physische Substanz, die unser Universum durchdringt. Quantenenergie durchdringt also alles, was sie sehen. Es durchdringt alle Objekte und alle Lebewesen. Und wenn durch diese Quantenenergie Alles mit Allem verbunden ist, dann können wir diese Energie auch nutzen. Wir können durch diese Energie Einfluss auf Dinge und Menschen nehmen, wir können Heilung anregen. Denn auch Gedanken sind Materie, auch unsere Gedanken sind verbunden mit der Leere, der Quantenenergie. Woraus sollten sie auch sonst bestehen?

Im Grunde ist alles Quantenenergie – Gefühle, Gedanken – Materie. Und sie können diese Energie nutzen.

Erwartung schafft Realität – wir nehmen oft wahr, was wir erwarten

Glaubenssätze prägen unsere Wahrnehmung

Leere ist eine physische Substanz – Energie

Alles im Universum ist durchzogen von der physischen Substanz, der Leere

DIE EIGENE SYNCHRONISATION

Bevor sie in dieses Kapitel einsteigen, möchte ich noch einmal betonen, dass sich die beschriebenen Prozesse der Heilung so nur für mich persönlich logisch darstellen. Ich stütze mich dabei auf die Quantenphysik und derer Theorien. Das bedeutet nicht, dass der Wirkmechanismus auch genau in dieser Weise funktioniert. Eines ist aber Fakt – er funktioniert. Wie und warum, ist letztlich zweitrangig, wenn man damit Menschen helfen kann, oder?

Sie sollten sich darüber bewusst werden, dass nicht sie selbst heilen, sondern dass sie diesen Prozess bei ihrem Patienten lediglich anstoßen. Ihr Patient reagiert auf Impulse, die sie ihm übermitteln, die eigentliche Heilung passiert aber durch die Quantenenergie, nicht durch den Behandler. Krankheit ist in der Regel ein aus der Synchronisation geratenes System, dessen Schwingungen gegensätzlich verlaufen. Bringt man dieses System dazu, seine Schwingungen auf elementarster Ebene wieder zu synchronisieren, setzt sich ein Heilungsprozess in Gang, der weit nach der eigentlichen Anwendung anhalten kann.

Um bei anderen Menschen eine Synchronisation des Systems, also eine Heilung, in Gang zu bringen, ist es notwendig, dass man im Moment der Anwendung selbst synchron schwingt. Das bedeutet, dass man seine Schwingungen auf ein einheitliches, entspanntes Niveau gebracht haben muss, bevor man mit einer Anwendung beginnt. Ist man nicht synchron, sondern schwelgt schwingungstechnisch eher im Chaos, wird sich dieses auf den Patienten übertragen und einer Heilung abträglich sein.

Sie sollten also, um erfolgreich Prozesse der Heilung anstoßen zu können, lernen, sich selbst zu synchronisieren. Eine schöne Methode, dies zu tun, ist die im Folgenden beschriebene. Es ist nur eine Methode von vielen, allerdings werden sie spüren, wie ihr persönlicher Energiepegel steigt, wenn sie diese Übung regelmäßig ausführen. Denn Synchrone Schwingungen setzen Energien frei – chaotische Schwingungen blockieren Energie. Versuchen sie es und spüren sie, was ich damit meine.

Übung (Dauer ca. 5-10 Minuten):

-   Setzen sie sich auf einen Stuhl, und lassen ihre ganze Muskulatur vollkommen locker.

- Ihre Hände ruhen links und rechts auf ihren Oberschenkeln, zu einer leichten Faust geballt.

- Bemerken sie mit ihrer Aufmerksamkeit, wie sich die rechte Hand anfühlt. Konzentrieren sie sich nur (!) auf das Gefühl der rechten Hand für einige Zeit. (ca. 1 Minute)

- Wechseln sie ihre Aufmerksamkeit in ihren linken Fuß. Konzentrieren sie sich nur auf das Gefühl in ihrem linken Fuß. Nehmen sie das Gefühl ganz genau wahr, es fühlt sich etwas anders an, als das Gefühl in ihrer rechten Hand. (ebenfalls ca. 1 Minute)

- Atmen sie einige Male tief ein und aus. Lassen sie ihre Atmung dabei mit jedem Zug ruhiger und tiefer werden.

- Nehmen sie nun ihre rechte Hand und ihren linken Fuß gleichzeitig wahr. Konzentrieren sie sich auf beide Körperteile gleichzeitig und denken sie 5x nacheinander: „Hand und Fuß sind absolut gleich".

- Spüren sie, dass sich das Gefühl in ihren Körperteilen nun gleich anfühlt.

Sie müssen sich nicht genau an diesen Ablauf halten. Auch mögen sie statt Hand und Fuß vielleicht lieber andere Körperteile verwenden. Das stellt absolut kein Problem dar.

Es wird ihnen auffallen, wie stark unsere mentale Ebene auf unseren Körper wirken kann. Und er wirkt nicht nur auf unseren Körper, sondern auch auf unsere Umwelt. Denn es heißt nicht umsonst: „Wie im Innen, so im Außen". Die mentale Ebene ist ein wichtiger Punkt, wenn man Heilung durch Quantenenergie bei anderen Menschen anstoßen möchte, aber dazu später mehr.

Nehmen sie sich allerdings etwas Zeit nach jeder Übung, um aus der Entspannung wieder zurück zu kommen. Werden sie zu schnell wieder aktiv, könnte dies unangenehme Folgen wie Schwindel oder Kopfschmerzen nach sich ziehen.

Heilung passiert von selbst, sie wird lediglich
aktiviert

Krankheit bildet sich aus gegensätzlichen
Schwingungen

Synchronisation bewirkt Schwingungsgleich-
heit

Während der Behandlung muss der Behandler
synchron schwingen

Synchrone Schwingungen setzen Energie frei,
chaotische Schwingungen blockieren Energie

ÜBUNGEN ZUR SYNCHRONISATION

Damit ihnen nicht langweilig dabei wird, möchte ich hier noch zwei weitere Übungen beschreiben, die ihrer Synchronisation zuträglich sind. Sie können diese Übung mit der vorangegangenen kombinieren oder diese abwechselnd anwenden. Gefallen ihnen die Übungen nicht, denken sie sich doch einfach eigene Übungen zur Synchronisation aus. Es ist absolut nicht wichtig, dass sie sich genau an Regeln halten, an Vorgaben, die ich ihnen mache. Wichtig ist, dass sie sich bei der Übung wohl fühlen, dass sie spüren, was sich verändert und dass sie daran glauben, dass ihre eigene Methode funktioniert. Nutzen sie Musik dazu, oder halten sie es lieber absolut still um sich herum – wie SIE es gerne möchten. Das Prinzip kennen sie ja nun.

Erinnern sie sich an meine Worte:
Nehmen sie die Sache nicht zu ernst!

Dann wird sie auch funktionieren, das garantiere ich.

HINWEIS: Sie sollten doch darauf achten, die Übungen im Sitzen durchzuführen. Im Sitzen ist die Konzentrationsgabe stärker. Liegen verführt dazu, schnell geistig abzudriften, zu träumen oder gegebenenfalls einzuschlafen.

26

Übung 1:

- Setzen sie sich wieder auf einen Stuhl und lockern sie ihre Muskulatur.

- Ihre Hände ruhen wieder auf ihren O-berschenkeln.

- Atmen sie einige Male (10x) ganz tief ein und aus. Verlängern sie die Zeit zwischen den Atemzügen dabei ganz langsam. Achten sie aber darauf, dass sie nicht zu lange Pausen machen und keine Luft mehr bekommen.

- Mit jedem Atemzug stellen sie sich eine Lichtspirale vor, die von außen auf ihren Körper strahlt. Die Spirale wird dabei immer größer, bis sie ihren ganzen Körper erfasst hat.

- Stellen sie sich nun vor, dass die Spirale ihren ganzen Körper in Einklang bringt. Alle Schwingungen werden von der Spirale beeinflusst, alle Schwingungen laufen nun in eine Richtung.

- Mit der Zeit wird sich ein angenehmes Gefühl in ihrem Körper einstellen. Beobachten sie, dass sich dieses Gefühl auf ihren ganzen Körper ausdehnt, bis sich dieses Gefühl in jedem Teil ihres Körpers gleich anfühlt. Sobald sie den Eindruck haben, das Gefühl hat ihren ganzen Körper erfasst und synchronisiert, können sie die Übung beenden.

Übung 2:

Für diese Übung benötigt man eine entsprechende Visualisierungsgabe. Diese ist jedoch antrainierbar.

- Position wie Übung 1

- Stellen sie sich vor, Ihre Gedanken würden sich in einer Spirale im Kreis drehen. Alle Worte, alle Bilder drehen sich in einer Abwärtsspirale im Kreis.

- Nun stellen sie sich vor, diese Abwärtsspirale wird nun immer langsamer. Sie dreht sich immer langsamer und langsamer. Wie ein Tornado, der mit der Zeit an Schwung verliert. Er wird immer langsamer und langsamer, bis er sich irgendwann anfängt aufzulösen.

- Sobald sich die Gedankenspirale aufgelöst hat, bemerken sie einen Augenblick des absoluten Bewusstseins, eine Gedankenleere. Versuchen sie, diese Gedankenleere so lange wie möglich aufrecht zu erhalten.

- Treten die ersten Gedanken wieder ein, beenden sie die Übung.

Bei dieser Übung werden sie sehr schnell bemerken, dass sich die Gedankenleere, die Zeit der Wahrnehmung des absoluten Bewusstseins, verlängert, je öfter sie diese Übung anwenden.

Die Übungen zur Synchronisation sollten sie von nun an in ihren Alltag einbauen, denn sie sind die Grundlage dafür, dass Heilung funktionieren kann.

Sie alle kennen Menschen, bei denen man spürt, dass sie einem die Energie rauben. Diese Menschen betreten einen Raum, und man fängt selbst an, sich unwohl zu fühlen. Man möchte am liebsten den Raum verlassen, weil die negative Ausstrahlung erdrückend scheint. Diese Menschen sind nicht synchron. Ihre Probleme, ihre negativen Gedanken, ihr Ungleichgewicht verhindern jegliche Ordnung. Solche Menschen können andere Menschen nicht in eine natürliche, gleichmäßige Schwingung bringen. Im

Gegenteil, sie bringen Chaos in die Ordnung anderer. Achten sie, wann immer es ihnen möglich erscheint, darauf, dass in ihnen dieses Chaos nicht herrscht. Synchronisieren sie sich, so oft es eben geht. Sie werden begeistert sein, wie schnell sich eine positive Wirkung auf ihr Gemüt und ihr Leben allgemein entfalten wird.

Nehmen sie die Sache nicht zu ernst!

Synchronisieren sie sich regelmäßig selbst

Übung macht den Meister
(es geht sehr schnell, sie werden sehen)

DIE MENTALE EBENE

Sie fragen sich sicher: „So einfach soll es sein? So leicht kann ich mich in eine gleichmäßige Schwingung bringen? Ich muss einfach nur daran denken?"

Zugegeben, es ist etwas schwer zu glauben, wenn man sich der Macht der mentalen Ebene auf den Körper noch nie bewusst wurde. Aber ja, es ist in der Tat so einfach. Unser Körper reagiert immer auf unsere Gedanken, egal ob diese auf bewusster oder unbewusster Ebene gedacht werden. Und nicht nur unser Körper reagiert. Auch unsere Umwelt, auch andere Menschen reagieren auf unsere Gedanken. Gedanken existieren, das wird niemand bestreiten. Und unsere Gedanken werden von anderen Menschen wahrgenommen.

Erinnern sie sich daran, als sie das letzte Mal einen geliebten Menschen angeschaut haben, und sofort wussten, was dieser denkt? Oder an das eigene Gefühl, dass sie hatten, als es einem ihnen nahe stehenden Menschen nicht gut ging, ohne dass sie diesen kurz zuvor gesehen hatten? Dennoch wussten sie, dass etwas im Argen ist.

An diesen Beispielen zeigt sich, dass es von enormer Wichtigkeit ist, dass wir unsere Gedanken bewusst einsetzten. Dass wir nicht alles an und in uns lassen, was möglicherweise unbemerkt Schaden anrichten könnte. Es ist von enormem Vorteil, wenn ein Mensch Gedankenhygiene betreibt. Gedankenhygiene verstärkt die Heilwirkung auf andere Menschen enorm.

Ich schaue zum Beispiel keine Nachrichten und lese auch keine Tageszeitung mehr, denn was einem dort geboten wird, ist alles andere als Glück und Frieden. Nachrichten bestehen fast ausschließlich aus Krieg, Hass, Betrug, Unglück und Mord. Dies sind alles Faktoren, die in uns Angstgefühle auslösen. Und Angstgefühle erzeugen Schwingungstechnisch einen Hurricane in uns. Somit blockieren wir unsere Selbstheilung und sind auch nicht imstande, anderen Menschen zu helfen.

Wann haben sie das letzte Mal Nachrichten gesehen, in denen überwiegend von Erfolg, Glück, Wohlstand und Freude berichtet wurde? Sehen sie? Der Trend ist eindeutig. Nachrichten schaffen bewusst Ängste, denn ängstliche Menschen sind einfacher zu kontrollieren. Zudem benutzen ängstliche Menschen ihre Intuition nicht, sie hören auf, selbst nachzudenken. Deswegen meide ich jede Art von negativem Input. Und es geht mir täglich besser dabei. Versuchen sie es doch einmal eine Woche lang.

Gönnen sie sich täglich Freude. Denken sie nicht täglich nach dem Aufstehen an die unangenehmen Aufgaben, die der Tag für sie bereit hält. Erinnern sie sich doch einfach an das letzte schöne Erlebnis, dass sie hatten, z.B. an die letzten liebevollen Worte ihres Partners. Fokussieren sie hauptsächlich schöne Dinge in ihrem Leben. Zugegeben, es ist nicht einfach und erfordert etwas Disziplin und Stärke, aber es lohnt sich. Ihr Leben wird sich fundamental ändern, wenn sie ihren Fokus von Problemen weg zu den schönen Dingen des Lebens lenken. Sie werden diese schönen Dinge dann immer öfter bemerken und in ihr Leben ziehen. Sie werden mit jedem Tag ausgeglichener und ihre Schwingung wird sich ändern. Es wird nicht lange dauern, dann werden die Menschen in ihrem Umfeld ihre Nähe und suchen, um ihre Heilkünste in Anspruch zu nehmen.

Sie werden täglich überrascht sein über kleine Wunder, die um sie herum geschehen…
und über kleine Wunder, die sie selbst vollbringen.

Negative Informationen schaffen Chaos

Gönnen sie sich täglich Freude

STEIGERUNG DER SENSIBILITÄT

Es gibt Menschen, die sind von Natur aus „e-
nergiefühlig". Das bedeutet, sie nehmen die
Energie von anderen Menschen auf kürzere
oder längere Distanz wahr, je nach dem, wie
empfänglich sie sind. Das ist nichts Ungewöhn-
liches oder Übernatürliches, es ist eine Fähigkeit, die jeder von uns besitzt. Leider ist diese
Fähigkeit bei vielen Menschen verkümmert.
Dies mag an der ständigen Berieselung der
Medien liegen, an der immer größer werdenden
Passivität, mit der wir unsere Freizeit gestalten.
Wir sind größtenteils fixiert auf Bilder, die uns
dargeboten werden. Wir verlassen uns auf unsere Augen und Ohren, Intuition bzw. Bauchgefühl wird nicht mehr genutzt und irgendwann
auch nicht mehr wahrgenommen. Zudem
stumpfen wir gefühlsmäßig immer mehr ab.

Die gute Nachricht ist, dass wir die Fähigkeit
der Intuition und Fühligkeit trainieren können.
Sie ist nicht verloren, wir müssen sie lediglich
wieder aktivieren. Und das geht ausschließlich
über die Übung.

Im Folgenden möchte ich eine Übung beschreiben, bei der sie lernen, Energie bewusst wahrzunehmen.

- Setzen sie sich auf einen Stuhl, und schließen sie ihre Augen.

- Führen sie ihre Handinnenflächen aus schulterbreiter Position ganz langsam zusammen.

- Konzentrieren sie sich darauf, was sie in ihren Handinnenflächen wahrnehmen. Spüren sie, wann sie ihre Aura wahrnehmen. Die Aura, unser Energiefeld, kann sich durch Wärme oder durch ein Kribbeln bemerkbar machen.

- Sobald sie die Aura wahrnehmen, formen sie mit ihren Händen einen imaginären Energieball. Spielen sie mir ihrer Wahrnehmung.

Anfänglich nehmen die meisten Menschen ihre Aura erst kurz vor Berührung der anderen Hand wahr. Je öfter sie diese Übung machen, desto größer wird der Distanz, mit der sie ihre Aura wahrnehmen können.

Sie können diese Übung natürlich auch mit einem Partner machen. Setzen sie sich dazu ihrem Partner gegenüber und schließen sie die Augen. Anschließend bewegen sie ihre Hände ganz langsam auf seinen Körper zu, bis sie die Aura ihres Gegenüber wahrnehmen. Sie werden bemerken, dass sie Menschen, die über viel Energie verfügen, aus viel weiterer Distanz wahrnehmen können.

Sie steigern ihre Wahrnehmungsfähigkeit enorm schnell, wenn sie diese Übungen täglich machen. Sie brauchen sich dazu nicht einmal viel Zeit zu nehmen. Üben können sie es überall. Wenn sie etwas Erfahrung gesammelt haben, achten sie einmal ganz genau auf das Gefühl in ihren Händen, wenn eine Person den Raum betritt, in dem sie sich gerade befinden. Oft bemerken sie, dass ihre Handinnenflächen anfangen, zu kribbeln. Das sind Menschen, die Energie benötigen, und diese unbewusst an sich ziehen. Diese Menschen benutzten sie in dem Moment als Kanal.

Energie kann man fühlen

Die Wahrnehmung steigert sich mit jeder Übung - trainieren sie täglich

---

VORBEREITUNG EINER SITZUNG

Wenn sie sich auf eine Sitzung vorbereiten, dann geht es nicht darum, sich auf Techniken und Methoden zu fixieren, wie bei vielen Heilsystemen verlangt wird. Im Grunde bereiten sie sich darauf vor, nichts zu tun. Sie bereiten sich darauf vor, während der Sitzung absolut synchron zu schwingen, absolut ausgeglichen und harmonisch zu sein.

Das ist alles? Ja, das ist alles.

Mehr Vorbereitung braucht es nicht. Denn ihre Schwingung wird sich, dank der Kraft ihrer mentalen Ebene, auf ihre Patienten übertragen. Sie wird dafür sorgen, dass Heilungsprozesse in Gang gesetzt werden, ohne dass dafür eine Anstrengung notwendig ist.

Wenn ein Mensch in ihre Nähe kommt, dann spüren sie diese Nähe ab einer bestimmten Distanz. Auch spüren sie oftmals, dass ein Mensch voller Power, voller positiver Energie ist. Das ist der Beweis dafür, dass auch sie eine Wirkung auf andere Menschen übertragen, nur mit dem Unterschied, dass sie dieses ab sofort bewusst tun. Sie wissen, dass ihr Zustand, ihre Schwingungsfrequenz, sich auf andere Menschen überträgt. Das ist alles, was sie wissen müssen. Mehr Wissen ist nicht notwendig, um Heilung zu bewirken.

Mit der Zeit werden sie höchstwahrscheinlich ein eigenes Vorbereitungsritual entwickeln. Das ist im Grunde nicht notwendig, aber es hilft ungemein, sich auf die Hilfe suchende Person einzustellen. Mit der Zeit werden sie sich immer schneller auf eine bevorstehende Sitzung einstellen können. Je mehr sie ihre mentale Ebene im Griff haben, je länger sie das absolute Bewusstsein (die Gedankenleere) fixieren können, desto leichter wird es ihnen Fallen.

Bereiten sie sich darauf vor, nichts zu tun!

Ihre Schwingung überträgt sich

Ritualisieren sie, wenn es ihnen hilft

DIE SITZUNG – ABLAUF

Eine Heilsitzung sollte in einem ruhigen, entspannten Rahmen ablaufen. Die zu behandelnde Person, und auch sie selbst, sollten sich an Ort und Stelle wohl fühlen. Auch sollten sie dafür sorgen, dass störende Einflüsse für die Dauer der Sitzung nicht vorkommen können.

Sie, als Heiler, sollten präsent sein. Sie sollten auf mentaler Ebene im Hier und Jetzt sein, und nicht mit den Gedanken in der Vergangenheit oder der Zukunft schwelgen.

Lassen sie sich von ihrem Patienten präzise das Problem erklären. Der Patient sagt z.B. „Ich habe Schmerzen in der rechten Schulter".

Gedanklich formulieren sie nun ihr Ziel präzise und positiv. Beispiel: „Eine normal einsatzfähige Schulter, frei von jeglichem Schmerz".

Anschließend beginnen sie mit einer der im folgenden Kapitel beschriebenen Methoden, oder sie denken sich selbst eine Methode aus, die ihren Vorstellungen mehr entspricht. Sie müssen sich in ihrem Vorgehen nicht an den vorgestellten Methoden orientieren. Sie sind absolut frei in der Gestaltung ihrer Methode, wichtig ist nur, dass die mentale Ebene dabei stimmt. Das ist das Wunderbare an der Quantenenergie. Sie ist immer und jederzeit nutzbar. Ohne Regeln, ohne Symbole, ohne Einweihung.

Seien sie präsent – im Hier und Jetzt
Absolutes Bewusstsein!

Hören sie sich das Problem genau an

Formulieren sie das Ziel präzise und positiv

Beginnen sie mit <u>ihrer</u> Methode

VERSCHIEDENE METHODEN

Es ist möglich, eine Sitzung in verschiedenen Formen abzuhalten. Da sie bereits wissen, dass sie sich an keine feste Regel zu halten brauchen, können sie die im Folgenden beschriebenen Abläufe genau so, oder aber in abgewandelter Form anwenden. Wichtig ist lediglich, dass ihre Schwingungen stimmen.

<u>Bei körperlichen Beschwerden</u>

Lassen sie sich von ihrem Patienten zeigen welcher Bereich seines Körpers schmerzt. Er möge den schmerzhaften Bereich bewegen, damit sie sich ein Bild vom eingeschränkten Bewegungsradius machen können.

Anschließend legen sie ihre Hand auf den schmerzhaften Bereich und drücken diesen leicht. Er sollte dabei dem Patienten nicht zu sehr schmerzen. Ist eine Berührung des Bereichs nicht möglich, halten sie ihre Hand lediglich einen Zentimeter über die schmerzhafte Stelle.

Konzentrieren sie sich nun einige Zeit (ca. 3-5 Minuten) auf diesen schmerzhaften Bereich. Fühlen sie, wie sich der Muskel, das Gewebe unter ihrer Hand anfühlt. Spüren sie, dass sich in kurzer Zeit eine erstaunlich starke Wärme entwickelt.

Nun legen sie ihre andere Hand auf einen gesunden Bereich des Körpers ihres Patienten. Konzentrieren sie sich jetzt ausschließlich auf diesen gesunden Bereich. Spüren sie auch hier, wie sich der Bereich unter ihrer Hand anfühlt.

Schlussendlich konzentrieren sie sich auf beide Hände und sprechen in Gedanken den gewünschten Zielzustand aus (präzise und positiv). Beobachten sie, wie sich das Gefühl in beiden Händen verändert, so lange, bis sich beide Hände gleich anfühlen und beenden sie die Sitzung dann.

<u>Bei seelischen Beschwerden</u>

Ihr Patient sitzt verkehrt herum auf einem Stuhl, mit dem freien Rücken zu ihnen.

Bitten sie nun den Patienten, bei geschlossenen Augen 10x tief ein- und wieder auszuatmen. Anschließend legen sie ihre beiden Hände jeweils auf die linke und rechte Schulter des Patienten. Gedanklich stellen sie sich vor, dass die Quantenenergie durch ihre Hände hinab in den Körper des Patienten fließt.

Halten sie diese Position und Vorstellung ca. 3-5 Minuten.

Nun legen sie ihre beiden Hände kurz unterhalb des Nackens neben die Wirbelsäule, so dass die Wirbelsäule genau in der Mitte ihrer Hände liegt. Lenken sie ihre Gedanken auf die Synchronisation des Körpers des Patienten. Stellen sie sich vor, dass ihre eigene Ordnung durch ihre Hände in die Wirbelsäule fließt, und sich von dort aus im ganzen Körper des Patienten verteilt. Atmen sie dabei tief und ruhig für weitere ca. 2-3 Minuten.

Anschließend beenden sie die Sitzung.

Es ist ihnen sicherlich aufgefallen, dass die Durchführung der beiden beschriebenen Methoden nie länger als ca. 10 Minuten dauert. Da die Wirkung der Quantenenergie auch noch Tage nach einer Sitzung anhält, ist eine längere Behandlung in der Regel nicht notwendig. Es steht ihnen natürlich frei, die Sitzungen jeweils länger durchzuführen. Hierbei sollten sie sich auf ihr Gefühl verlassen. Mit zunehmender Übung und der Überzeugung ihrer eigenen Fähigkeiten, werden sie aber wesentlich weniger Zeit in Anspruch nehmen. Heilung kann dabei sogar in wenigen Sekunden angeregt werden.

Bevor sie dieses Buch nun kritisch zur Seite legen, sich über das ausgegebene Geld ärgern und denken „Das soll funktionieren? Das kann ja gar nicht sein", möchte ich sie noch einmal daran erinnern, dass die Erde auch keine Scheibe war, obwohl man zur damaligen Zeit diese festen Überzeugung hatte. Versuchen sie es einfach, lassen sie sich überzeugen, dass es möglich ist.

Die Dauer der Sitzung ist abhängig von ihrem Gefühl

Die Wirkung der Quantenenergie hält noch Tage nach der Sitzung an

NACH DER SITZUNG

Da bei der Anwendung von Quantenenergie in relativ kurzer Zeit eine tiefe Entspannung beim Patienten entstehen kann, geben sie ihm anschließend ein paar Minuten Zeit, wieder zu sich zu kommen.

Holen sie sich in jedem Falle ein entsprechendes Feedback, wie es um das Befinden des Patienten steht. Was hat er während der Behandlung gespürt? Welche Gedanken gingen ihm durch den Kopf? Sind seine Schmerzen schwächer geworden oder gar ganz verschwunden?

Es gibt Menschen, die reagieren sehr schnell auf Quantenenergie. Andere spüren während und kurz nach einer Sitzung überhaupt nichts. Oft machen sich die Ergebnisse hier aber in den Tagen nach der Sitzung bemerkbar. Vereinbaren sie auf jeden Fall ein Folgegespräch etwa eine Woche nach der Sitzung. Erstellen sie sich einen Fragebogen, anhand dessen sie die Ergebnisse der Sitzung auswerten. So bekommen sie ein Gefühl für ihre Erfolge.

Die Quantenenergie sorgt immer für Ordnung. Sie sorgt immer für eine Heilung, auch wenn es nicht immer sofort ersichtlich ist. Das liegt daran, dass die Prozesse der Synchronisation nicht bei jedem Menschen gleich ablaufen.

Zudem werden sie bemerken, dass sie als Behandler sich nach einer Sitzung ruhig, ausgeglichen und mit Friede erfüllt fühlen. Quantenenergie wirkt ebenso heilend auf den Behandler, wie sie auf den Patienten wirkt Das ist das Schöne daran.

Sie können die Quantenenergie so oft anwenden, wie sie möchten. Sie können damit keinen Schaden anrichten. Es gibt keine Risiken. Es gibt keine angeblich „negativen" Energien. Folge einer Anwendung der Quantenenergie ist immer Ordnung und Harmonie.

Geben sie dem Patienten Zeit,
zu sich zu kommen

Quantenenergie sorgt immer für Ordnung

Wenden sie Quantenenergie so oft an,
wie sie möchten - es gibt keine Risiken und
Nebenwirkungen

SELBSTHILFE

Sie haben bereits erfahren, wie sie die Quantenenergie auch zur Selbsthilfe verwenden können.
Wenden sie dazu einfach eine der beschriebenen Methoden auf sich selbst an. Das ist alles.

Zugegeben, es bedarf etwas akrobatischer
Künste, wenn sie ihre beiden Hände selbst neben ihre Wirbelsäule platzieren möchten. Dabei
entspannt zu bleiben wäre zudem fast unmög-
lich. Sie können aber stattdessen ihre Hände am
Solar-Plexus platzieren. Oder platzieren sie ihre
Hände an den Körperstellen, an denen sie
möchten. Es wird genau so funktionieren. Es
gibt hier keine Regeln, keine Dogmen. Wenn
sie sich dabei wohl fühlen, wird die Quantenenergie Ordnung schaffen. Es ist wirklich ganz
einfach. Wenn sie ihre Selbstheilungskräfte
aktivieren, sie ihre Schwingungen synchronisieren möchten, dann sorgen sie für etwas Ruhe,
legen oder setzen sich hin und verlassen sich
auf ihre Intuition. Spüren sie nach einiger Zeit,
wie sich ihr Körper während der Selbstbehand-
lung verändert, wie sie anfangen, ihn anders
wahr zu nehmen. Versuchen sie, eine Gedankenleere herzustellen – sich auf das absolute
Bewusstsein einzulassen. Auch wenn ihnen das
vielleicht nicht immer direkt gelingt, so wirkt

die Quantenenergie dennoch. Sie werden es ganz deutlich spüren.

Quantenenergie wirkt auch bei ihnen selbst

Vertrauen sie, analysieren sie nicht

WARUM ES JEDER KANN

Ich stelle die Behauptung auf, dass jeder Quantenenergie zur Heilung nutzen kann. Jeder, der sich auf diese Erfahrung einlassen möchte, kann heilen. Der Grund, warum ich diese Meinung so selbstsicher vertrete, sind meine eigenen Erfahrungen. Ich selbst war ein Mensch, der Dinge, die er nicht wissenschaftlich oder medizinisch erklären konnte, total ablehnte. Für mich waren Geschichten wie Reiki, Hypnose oder Homöopathie Humbuk und Betrug, obgleich meiner asiatischen Wurzeln. Aber ich kam irgendwann an einen Punkt, an dem meine körperlichen und psychischen Probleme überhand nahmen, und kein Mediziner, kein Psychologe oder sonstiger Schulgelehrter mir zu helfen wusste. Ich wandte mich in meiner Verzweiflung an einen Therapeuten, der „etwas anders" arbeitete. Anfangs war ich natürlich sehr skeptisch, ob Hypnose und positive Energie überhaupt etwas bewirken können. Aber ich sah einfach keinen anderen Ausweg aus meiner Situation, als mich auf diese Dinge einzulassen. Heute bin ich froh und dankbar über die Unordnung, die damals in mir herrschte. Sie hat mich dazu bewegt, meinen Horizont zu erweitern. Heute weiß ich, dass Dinge möglich sind, die Jenseits der Vorstellungskraft unserer Wissenschaft und Medizin liegen. Aber vielleicht liegen sie auch gar nicht Jenseits der Vorstellungskraft, vielleicht will man uns diese Dinge einfach nur vorenthalten? Darüber lohnt es sich sicher einmal nachzudenken.

Überwältigt von den Erfahrungen bei besagtem Therapeuten, fing ich an, mich mit dem Thema Energie näher zu beschäftigen. Beim Studium der Materie war auffällig, dass viele Menschen noch mehr Systeme verkaufen, die eigentlich alle das gleiche Ziel haben: Heilung zu bewirken. Jedes System versucht sich dabei bestmöglich zu verkaufen, seine Energie als die Stärkste und Wirkungsvollste darzubieten. Da ich, trotz meiner lebensverändernden Erfahrung eine gesunde Skepsis behielt, stellte ich mir die Frage, ob es wirklich verschiedene Energien geben kann. Ich beschäftigte mich unter Anderem mit Quantenphysik und begann, zu experimentieren. Letztlich kam ich zu dem Schluss, dass jedes System eigentlich das Gleiche beschreibt. Genau so, wie die großen Religionen sich mit ihren verschiedenen Schriften eigentlich alle auf den gleichen Gott beziehen, so ist es mit der Quantenenergie. Jedes System meint die gleiche Energie. Jedes System nutzt die gleiche Quelle. Aber ich fand durch meine Experimente heraus, dass überhaupt kein System notwendig ist. Es brauch keine Symbole oder Einweihung um Quantenenergie zu nutzen. Quantenenergie durchdringt alles, was im Universum existiert. Damit meine ich, dass Quantenenergie auch uns durchdringt. Sie, mich, ihre Mitmenschen, einfach alles. Sie brauchen nichts zu erhalten, sie haben die Fähigkeit bereits. Sie müssen nur lernen, sie anzuwenden. Und das ist ganz einfach. Versuchen sie es...jeder kann es!

Quantenphysik liefert plausible Erklärungen

aber

Selbsterfahrung ist mehr Wahrheit, als jede wissenschaftliche Erklärung

WARUM ES SO EINFACH IST

Ich predige ihnen seit Anfang dieses Buches, dass die Anwendung der Quantenenergie so leicht ist. Sie können es mir nun einfach glauben, und die Erfahrung selbst machen, indem sie damit zu spielen beginnen. Wenn sie mir noch nicht glauben, dann möchte ich erneut einen Versuch starten, sie davon zu überzeugen.

Sie sind der Typ Mensch: „Ich glaube nur, was ich sehe"?

In diesem Falle möchte ich sie bitten, mir einmal zu zeigen, wie die Schwerkraft aussieht. Schwerkraft kann man nicht sehen, sie existiert aber. Ebenso existieren ihre Gedanken und Gefühle, sehen können sie sie trotzdem nicht. Sie nehmen sie wahr, genau so, wie sie die Schwerkraft wahrnehmen. Warum also sollten sie nicht auch die Energie wahrnehmen können, die sie durchdringt? Denn Gedanken, Gefühle (Liebe, Hass etc.) bestehen aus Energie. Und diese Energie kann sehr stark auf uns wirken, was sie mit Sicherheit schon mehrfach selbst erfahren haben. Sie nehmen bereits viel mehr Energie wahr, als sie glauben. Bisher tun sie dies allerdings in eher passiver Weise. Beginnen sie damit, die Energie über ihre Gedanken und Gefühle zu steuern.

Ich möchte später noch etwas näher auf das „Gesetz der Anziehung" eingehen. Das Gesetz der Anziehung kann wunderbar dazu genutzt werden um Übung darin zu bekommen, seine Energien zu steuern. Es gibt bereits sehr viel Literatur zu diesem Thema, aber ich möchte den Lesern, die damit noch nicht in Berührung gekommen sind, einen kleinen Einblick verschaffen.

Energie durchdringt Alles und Jeden

Selbst unsere Gedanken bestehen aus Energie

Üben sie, Energie durch Gedanken und Gefühle zu steuern

Es ist ganz leicht!

KURZANLEITUNG

Bevor ich mich dem „Gesetz der Anziehung widme, möchte ich für sie noch einmal die wichtigsten Schritte der Synchronisation und Heilung zusammenfassen. So können sie hier später immer wieder nachschauen und sich orientieren, ohne im Buch ständig blättern zu müssen.

Tägliche Übung

Synchronisieren sie sich am besten täglich.

Üben sie, Bewusstsein (Gedankenleere) wahrzunehmen. Jeden Tag ein bisschen länger.

Vor der Sitzung

Bereiten sie sich darauf vor, nichts zu tun. Lassen sie die Vergangenheit und die Zukunft ungeachtet. Seien sie präsent im Hier und Jetzt. Ihre Schwingung überträgt sich auf ihren Patienten.

Während der Sitzung

Lassen sie den Patienten anfangs das Problem genau beschreiben.

Formulieren sie gedanklich das Ziel <u>präzise</u> und <u>positiv</u>.

Beginnen sie mit der Sitzung so, wie sie es für richtig halten. Es gibt keine Vorschriften oder Regeln. Fühlen sie sich wohl!

Denken sie das Ziel ruhig einige Male während der Behandlung.

Entscheiden sie nach ihrem Gefühl, wann die Behandlung beendet ist.

Nach der Sitzung

Lassen sie dem Patienten zeit, zu sich zu kommen.

Quantenenergie wirkt noch Tage nach der Behandlung.

DAS GESETZ DER ANZIEHUNG

In der Medienwelt geistert seit geraumer Zeit sehr erfolgreich der Begriff „Das Gesetz der Anziehung" umher. Eine Behauptung, die mich besonders dazu bewogen hat, mich mit der Materie einmal genauer zu befassen:

„Das Gesetz der Anziehung funktioniert immer, ob Sie daran glauben oder nicht. Es ist wie bei der Schwerkraft. Ein Naturgesetz können Sie nicht umgehen. So ist es auch beim Gesetz der Anziehung. Auch wenn Sie es nicht akzeptieren, verliert es seine Gültigkeit nicht."

Da ich ja bereits Dinge erfahren habe, die ich früher nie für möglich gehalten hätte, ließ ich mich darauf ein, es einmal auszuprobieren. Ist an dem Gesetz der Anziehung wirklich etwas dran? Kann es sein, dass wir unsere Erfahrungen selbst in unser Leben ziehen? Erkenntnisse der Quantenphysik deuten jedenfalls an, dass an dieser Behauptung etwas dran sein könnte.

Die Grundpfeiler des Gesetzes der Anziehung möchte ich ihnen kurz erläutern:

Gleiches zieht Gleiches an.

Optimistische Menschen ziehen optimistische Menschen in ihr Leben, pessimistische Menschen ziehen negative Menschen an. Das ist eines der besten Beispiele für diesen Punkt. Schauen sie sich doch einmal in ihrem Bekanntenkreis um. Analysieren sie ihr Umfeld, schauen sie, wer welche Art von Menschen um sich schart. Sie werden feststellen, dass Miesepeter und Schwarzmaler hauptsächlich von Menschen umgeben sind, die gleiche Gedanken haben.

Genau so zieht Erfolg weiteren Erfolg an. Fröhliche, offene und positiv denkende Menschen sind weitaus öfter erfolgreich, als negative Schwarzmaler. Warum wohl?

Ihre Aufmerksamkeit bestimmt ihren Weg.

Die Dinge, auf die sie die größte Aufmerksamkeit richten, bestimmen, welchen Weg sie im Leben gehen. Richten sie ihre Aufmerksamkeit auf Wohlstand und Fülle, wird ihr Unterbewusstsein die Richtung wählen, die zur Verwirklichung von Wohlstand und Fülle notwendig ist. Richten sie ihre Aufmerksamkeit dagegen auf Probleme, Geldmangel oder Missgunst, erhalten sie auch genau diese Dinge. Denn ihr Unterbewusstsein wird immer versuchen, jenes zu verwirklichen, auf das sie ihre größte Aufmerksamkeit richten.

Sie sind für alles im Leben selbst verantwortlich.

Anders ausgedrückt: Sie sind selbst schuld an Ihrer Lage und haben sich dorthin gebracht, indem Sie sich auf die falsche Sache konzentriert und die falschen Fragen gestellt haben.

Wenn sie sich ständig fragen: „Warum funktioniert das Gesetz der Anziehung bei mir nicht", dann konzentrieren sie sich im Grunde auf „das Gesetz der Anziehung funktioniert bei mir nicht". Sie konzentrieren sich also auf das, was sie nicht möchten. Stattdessen sollten sie ihre Frage besser umformulieren in: „Was kann ich tun, damit das Gesetz der Anziehung bei mir funktioniert?"

Ein weiteres Beispiel: „Warum arbeite ich so viel und habe trotzdem keinen Erfolg?". Sie konzentrieren sich auf „viel arbeit – kein Erfolg". Ergo erhalten sie auch genau das, was sie sich vorstellen. Besser wäre: „Wie kann ich weniger arbeiten und mehr Erfolg haben?".

Viele solcher Dialoge laufen unbewusst ab. Analysieren sie deshalb ihre eigene Gedankenwelt und beginnen sie damit, ihre Gedanken bewusst positiv zu formulieren. Fragen sie nach dem, was sie wollen, nicht nach dem, was sie nicht wollen.

WIE WENDE ICH ES AN?

Natürlich stellt sich die Frage, wie man das Gesetz der Anziehung erfolgreich anwendet.

Wenn man einmal zu der Überzeugung gelangt ist, dass dieses Gesetz tatsächlich existiert, dann findet man sehr schnell eigene Wege, damit umzugehen. Dazu muss man sich aber mit dem Gesetz der Anziehung beschäftigen. Nachfolgend beschreibe ich einige Tipps, wie sie einen Einstieg finden.

Übernehmen sie Verantwortung –
Alles, was passiert, verursachen sie selbst

Die meisten Menschen sind der Meinung, dass äußere Umstände an Ihrem schlechten Leben schuld sind. Sie sehen sich als hilfloses Opfer, fügen sich in diese Rolle und ziehen damit noch mehr schlechte Umstände an. Ihre Aufmerksamkeit ruht unentwegt auf negativen Dingen.

Übernehmen sie Verantwortung für alles, was um sie herum passiert. Auch wenn es anfänglich schwer fällt. Nehmen sie sich vor, glücklich zu sein, gönnen sie sich täglich Freude. Der Rest kommt fast von allein.

Achten sie auf ihre Gefühle

Beobachten sie ihr Bauchgefühl. Wenn sich eine Richtung, in die sie sich bewegen, schlecht anfühlt, dann ist sie es meistens auch. Negative Gefühle sind ein guter Indikator für Dinge, die sie nicht wollen. Registrieren sie dies ganz genau.

Sorgen sie jeden Tag für ein gutes Gefühl, für Optimismus. So kann Energie fließen, Blockaden werden aufgehoben und sie erreichen, was sie sich wünschen.

Investieren sie geistige Energie

Zeichnen oder schreiben sie ihre Ziele auf, geben sie ihnen ein Bild, das vom Unterbewusstsein verarbeitet werden kann. Es ist auch hilfreich, sich Fotos von Dingen anzuschauen, die man gerne in sein Leben ziehen möchte.

Visualisieren und träumen sie – für viele Menschen sind Träume bereits Realität geworden. Warum also nicht auch bei ihnen?

Sammeln sie Beweise für ihren Erfolg

Führen sie eine Art Tagebuch, in dem sie alles protokollieren, was sie erreicht haben. Jeder Wunsch der sich erfüllt hat, und ist er noch so klein, sollte aufgeschrieben werden.

Lesen sie ihre Erfolge von Zeit zu Zeit, dadurch bemerken sie sehr schnell, dass das Gesetz der Anziehung wirklich wirkt. Sie programmieren dabei ihr Unterbewusstsein ganz nebenbei auf Erfolg.

Erinnern sie sich jeden Tag an das Gesetz

Laden sie sich ein Bild als Desktop-Hintergrund auf den PC, oder erstellen sie sich Merkzettel, die sie an das Gesetz der Anziehung erinnern. So lernen sie, jeden Tag mit positiven Gedanken zu starten. Und je mehr Erfolge sie in ihrem Tagebuch gesammelt haben, desto positiver starten sie in den Tag. So erreichen sie mit spielerischer Leichtigkeit ihre Ziele.

„So tun als ob…"

Versetzen sie sich gedanklich und gefühlsmäßig in die Situation, dass sie ihr Ziel bereits erreicht haben. Das bedeutet nicht, dass sie ihr Geld bedenkenlos ausgeben sollen, wenn sie sich wünschen, reich zu sein. Das wäre fatal und dumm dazu. Aber stellen sie sich vor, wie sie sich fühlen würden, wenn sie denn reich wären. Durch die Aktivierung des Gefühls wird ihr Unterbewusstsein Wege zur Zielerfüllung suchen, und finden. Jede gefühlsmäßige und bildhafte Vorstellung hat das Bestreben, sich zu verwirklichen. Gefühle sind sehr starke Energie!

Nehmen sie auch diese Sache nicht zu ernst

Genau wie die Heilung mit Quantenenergie sollten sie auch das Gesetz der Anziehung nicht zu ernst nehmen. Arbeiten sie nicht verbissen am Erfolg, erwarten sie keine großen Wunder. Alles kommt ganz von selbst, wenn sie die Sache wie ein Spiel sehen. Spielen sie ein Spiel mit dem Universum. Verlieren können sie bei diesem Spiel nichts, aber sie können eine Menge gewinnen. Viel Erfolg!

Wenn sie tiefer in das Thema „Gesetz der Anziehung" einsteigen möchten, finden sie im Buchhandel etliche gute Literatur.

KANN SO HEILUNG
UNTERSTÜTZT WERDEN?

Sie fragen sich sicher, was das Gesetz der Anziehung mit der Heilung durch Quantenenergie
zu tun hat. Beides wirkt in der gleichen Art und
Weise, durch kleinste Teilchen im Universum,
die auf seltsame Weise miteinander verbunden
sind.

Wenn sie das Gesetz der Anziehung für sich
nutzen, wenn sie täglich üben und sich dadurch
Wünsche erfüllen, werden sie einen ungeheuren
Anstieg ihres Energiepotentials erfahren. Durch
die Überzeugung, dass sie Dinge zu tun vermö-
gen, die sie bisher nie für möglich gehalten
haben, werden sie erhebliche Erfolge bei der
Heilung mit Quantenenergie erzielen. Ihr Unterbewusstsein wird keinen Zweifel mehr daran
hegen, dass Heilung mit Quantenenergie möglich ist. Jede Selbsterfahrung wirkt sich doppelt
so stark auf ihre Patienten aus.

Einen wichtigen Faktor, der für den Erfolg ihrer
Arbeit unerlässlich ist, möchte ich hier noch
ansprechen: Selbstakzeptanz.

Es gibt sicher keinen Menschen in der westlichen Gesellschaft, der nicht auf irgendeine

Weise unzufrieden mit sich ist. Es mag sich um einzelne Wesenspunkte des Charakters halten, oder aber man fühlt sich im Ganzen minderwertig.

Diese Unzufriedenheit, diese fehlende Selbstakzeptanz kostet uns unglaubliche Energie, auch wenn wir es oft nicht so wahrnehmen.

Jeder Mensch strebt nach Anerkennung und Zuneigung. Dabei bedeuten diese zwei Worte für viele Menschen das Gleiche, was aber grundlegend falsch ist. Schauen wir uns einmal an, was den Unterschied dieser beiden Worte ausmacht.

Anerkennung: Erhält man normalerweise, wenn man eine gute oder außergewöhnliche Leistung vollbracht hat.

Zuneigung: Echte Zuneigung erhält man von seinen Eltern, Freunden und nahestehenden Personen, <u>ohne</u> dass man eine besondere Leistung erbracht hat.

Der Hauptantrieb der meisten Menschen besteht darin, Leistung zu erbringen um dadurch letztlich Zuneigung zu bekommen. Das man Zuneigung aber erhält, weil man so ist, wie man ist, und nicht, weil man eine bestimmte Leistung bringt, das wird übersehen. Menschen verstellen und verbiegen sich, weil es Dinge an ihnen gibt, die sie selbst nicht mögen. Sie haben den Eindruck, dass andere sie genau wegen dieser „Eigenarten" verschmähen, und akzeptieren sich schlicht selbst nicht. Diese Blockade des wahren Ichs, der eigentlichen Persönlichkeit raubt Kraft, die eigentlich besser genutzt werden könnte.

Gehen sie einmal in sich und fragen sich selbst, ob es Dinge an ihnen gibt, die sie absolut nicht mögen. Und betrachten sie sich in ehrlicher Art und Weise – versuchen auch sie durch Leistung Zuneigung zu erhalten? Gibt es Dinge, die sie selbst tun, um anderen Menschen zu gefallen? Und ist es wirklich notwendig, dass sie diese Dinge tun?

Wenn sie Dinge an sich selbst ablehnen, dann gehen sie in Resonanz mit diesen Dingen. Sie richten ihre Energie, ihre Aufmerksamkeit darauf, diese Dinge zu vermeiden und zu unterdrücken. Sobald sie aber akzeptieren, dass sie so sind, wie sie sind, wird ein gewaltiges Potential in ihnen frei. Und dann sind sie in der Lage, dieses Potential auch bei anderen Menschen freizulegen – durch die Anwendung der Quantenenergie.

Ein guter Weg, sich selbst akzeptieren zu lernen, möchte ich kurz beschreiben.

Setzen oder legen sie sich an einen ruhigen Ort und bringen sie sich in eine angenehm leichte Trance. Sie können dazu die Einleitung einer der vorgestellten Übungen benutzen.

Sobald sie das Gefühl haben, dass sie angenehm entspannt sind, stellen sie sich den folgenden Satz bildlich vor:

Danke – ich bin, wie ich bin

Spielen sie mit der Vorstellung, lassen sie die Buchstaben größer und kleiner werden, ändern sie deren Farbe oder fügen sie Bewegung hinzu.

Zusätzlich fangen sie an, sich diesen Satz immer und immer wieder selbst vorzusagen, während sie mit der bildhaften Vorstellung spielen. Sie können dies laut tun, oder aber die Worte in Gedanken sprechen. Tun sie dies ca. 10 Minuten lang, auch wenn sie sich vielleicht selbst etwas blöd dabei vorkommen. Anschließend lösen sie die Entspannung auf und widmen sich dem weiteren Tagesverlauf, ohne weiter an diese Übung zu denken.

Wenn sie diese Übung täglich für ein paar Tage konsequent durchführen, werden sich die Worte tief in ihr Unterbewusstsein einprägen. Sie werden bemerken, dass sie sich diesen Satz im Selbstgespräch ganz von selbst vorsagen. Ihr

Unterbewusstsein wird angeleitet, sich selbst so zu akzeptieren, wie es ist. Blockaden werden gelöst und Energie wird freigesetzt. Das soll so einfach sein, fragen sie sich nun sicher? Ja – auch das ist so einfach. Sie müssen es nur versuchen.

SCHLUSSWORT

Ganz gleich, was sie über die Seiten, die sie gelesen haben, denken mögen - ganz gleich, ob sie etwas für Esoterik und alternative Methoden übrig haben, oder diese ablehnen, bitte ich sie nur um eine Sache:

Probieren sie es aus!

Auch wenn sie den Inhalt der von mir beschriebenen Methoden als Schwachsinn abtun, auch wenn sie keine logische Erklärung für die Wirksamkeit solcher Methoden finden:

Versuchen sie es!

Geben sie sich selbst zwei Wochen, in denen sie mit den vorgestellten Dingen experimentieren. Sie haben dabei nichts zu verlieren. Niemand wird es ihnen ansehen, dass sie sich mit Quantenenergie und dem Gesetz der Anziehung beschäftigt haben. Was kann es ihnen schaden?

Ich hoffe, dass ich mit diesem Buch mein Ziel erreicht habe. Mein Ziel, einige Menschen davon zu überzeugen, dass es fantastische Fähigkeiten gibt, die jeder von uns in sich trägt. Fantastische Fähigkeiten, die keiner „Einweihung" bedürfen, die jeder anwenden kann. Vermutlich tragen wir diese Fähigkeiten schon jahrtausende lang in uns. Vielleicht gibt es sogar höhere Kreise, die von der Existenz dieser Fähigkeiten wissen, aber diese bewusst vor der restlichen Menschheit verbergen wollen. Wenn es um Geld und Macht geht, ist vieles denkbar. Das ist aber reine Spekulation.

Eines ist jedoch Tatsache:
Jeder kann Heilen! Auch sie!

Wichtiger Hinweis:
Beachten sie, dass in Deutschland nur Menschen mit entsprechender Heilerlaubnis Krankheiten behandeln dürfen. Sie können jedoch als Heiler die Aktivierung der Selbstheilungskräfte unterstützen. Geben sie keine Heilversprechen! Raten sie nie dazu, ärztlich verordnete Medikamente abzusetzen. Alle Krankheiten bedürfen einer medizinischen Abklärung. Hindern sie niemanden daran, einen Arzt, Heilpraktiker oder Psychotherapeuten aufzusuchen!

Über den Autor

Ryu Takahashi, geboren 1962 in einer kleinen japanischen Provinz, kam im Alter von 3 Jahren mit seinen Eltern nach Deutschland. Der westlichen Lebensweise angepasst, verlor er jeglichen Kontakt zur asiatischen Spiritualität. Nach mehr oder weniger erfolgreich abgeschlossenem Studium erhielt sein Leben aufgrund einer tragischen und zugleich glücklichen Erfahrung eine völlig neue Wendung. Bis heute hilft er tausenden Menschen, ihre Selbstheilungskräfte durch Quantenenergie zu aktivieren.